Chiffre

www.anamosa.fr

Chiffre

Olivier Martin

anamosa

« Tout se discute, sauf les chiffres »

Élection présidentielle, 2022 : une bonne partie de la droite de l'échiquier politique défend la théorie du « grand remplacement ». Sur les réseaux sociaux, on peut lire : « Voici la dure réalité en chiffre… et les chiffres, eux, ne sont pas fachos ! » ; « Le grand remplacement est une réalité statistique, les chiffres ne mentent pas » ; ou encore : « Le grand remplacement n'est pas une théorie, mais un fait, prouvé, chiffré. Renseignez-vous ».

Gestion de la crise sanitaire, 2021 : un spot d'information du ministère des Solidarités et de la Santé visant à encourager la vaccination contre le Covid met en scène des amis déjeunant au soleil et discutant des risques et des bénéfices de la vaccination. La conversation est animée, des désaccords émergent, puis le spot s'interrompt vite, leur coupant ainsi la parole : « On peut débattre de tout, sauf des chiffres ».

Vous vous interrogez sur la réalité de la délinquance en France ? *Le Figaro* vous dévoile tout dans son article « Délinquance : la vérité des chiffres » (18 juin 2021).

Vous vous intéressez à la transition écologique et à la façon d'atteindre la neutralité carbone d'ici à 2050 ? Les « chiffres sont formels » et prouvent que l'Europe aura besoin de quantités astronomiques de métaux pour fabriquer les batteries électriques (*Les Échos*, 31 mai 2021).

Vous vous inquiétez des violences subies par les femmes dans leur vie privée ? Vous découvrirez la réalité des faits dans « Violences faites aux femmes : la vérité des chiffres » (*Mediapart*, 25 novembre 2020).

Les chiffres sont solidement installés dans nos sociétés. Quel que soit le sujet, les chiffres semblent constituer des arguments de preuve et des éléments visant à décrire la réalité sans laisser la moindre place au doute. Ils participent à l'immense majorité des décisions publiques – si ce n'est à toutes – et à bon nombre de nos choix individuels : décider de mesures sanitaires en fonction du nombre de patients atteints d'une forme sévère du Covid-19 ; choisir un restaurant en fonction des notes laissées par les clients précédents ; réduire la vitesse limite sur les routes en fonction de prévisions du nombre d'accidents graves évités ; recourir à un moteur de recherche sur le web qui hiérarchise les résultats proposés en fonction d'un score de notoriété ; choisir un lycée en fonction de son taux de réussite au bac ; piloter les politiques économiques et sociales en respectant l'interdiction d'avoir un déficit public annuel supérieur à 3 % (critères de convergences de Maastricht) ; choisir un itinéraire selon la densité du trafic routier et la durée prévisionnelle de chaque trajet possible ; surveiller son rythme cardiaque lors d'un jogging tout en mesurant la distance parcourue et le nombre de calories consommées ; orienter une politique pour l'enseignement supérieur et la recherche publique en fonction d'indicateurs de performances et des classements mondiaux d'universités ; pointer à l'entrée d'un atelier pour permettre le calcul du temps de travail… Et faut-il rappeler que dans les régimes démocratiques, compter les citoyens et les votes exprimés est une manière de déterminer la majorité exerçant le pouvoir et la composition des assemblées représentatives des citoyens ?

La présence des chiffres dans les analyses, discours, arguments, justifications et décisions est d'autant plus importante qu'aux statistiques produites par les administrations ou institutions spécialisées (comme Eurostat, l'Insee, l'Ined ou les Services statistiques ministériels en France) s'ajoutent toutes les évaluations quantitatives fortement stimulées par nos environnements numériques (notes, étoiles, classements, scores...), ainsi que toutes les opérations de métrologie plus ou moins ordinaires (poids, distance, température, longueur, surface, volume, durée, fréquence, puissance, vitesse, voltage, pluviométrie...). La diversité des termes utilisés (mesures, scores, indicateurs, statistiques, quantités, notes, nombres, classement...) ne doit pas cacher qu'il s'agit, dans tous les cas, de chiffres ou, selon une terminologie plus académique, de quantifications.

Pourquoi les propos des responsables politiques, des journalistes, des citoyennes et des citoyens, des institutions et des collectifs sont-ils aussi facilement et aussi souvent placés sous l'autorité des chiffres, sous l'égide d'arguments quantitatifs ? Sûrement parce que les chiffres ont l'apparence de données neutres et objectives qui s'imposeraient à nous, transmettant une vérité authentique, à l'abri des subjectivités et des arbitraires.

On prête aux chiffres une capacité à énoncer des faits et à les attester, en écartant tout doute et toute contestation.

On prête aux chiffres une capacité à énoncer des faits et à les attester, en éliminant tout doute et en écartant toute contestation possible.

Il reviendrait aux experts (scientifiques, statisticiens…) de découvrir et recueillir ces chiffres, puis d'en déduire des faits incontestables et des lois ; il reviendrait aux politiques d'en tirer les conséquences pour le gouvernement des choses et des humains ; et il reviendrait aux individus de se soumettre aux décisions chiffrées et à accepter les faits chiffrés comme ils acceptent l'alternance du jour et de la nuit.

Tout se discuterait donc, sauf les chiffres.

Pourquoi les chiffres ont-ils autant d'autorité ? Leur pouvoir résulte-t-il réellement de leur capacité à dire le vrai et à énoncer des faits indiscutables.

« Connaître c'est mesurer »

Les propriétés supposées des chiffres résultent notamment du fait qu'ils symbolisent la science, le savoir éprouvé et attesté, la connaissance expérimentale, la rationalité et l'objectivité. Les chiffres (et les mathématiques qui y sont associées) ont montré leur efficacité à décrire certains phénomènes et à développer des technologies de pointe. Ils portent la croyance en notre capacité à être maître de notre environnement matériel (via les technologies et les sciences de la nature), comme de notre environnement social et humain (via les outils quantitatifs de gestion et de pilotage). D'ailleurs leur présence s'est fortement renforcée avec l'essor des sciences, des techniques et de leurs applications dans les sociétés industrielles, en lien avec des philosophies véhiculant l'idée que des lois scientifiques et quantitatives gouvernent aussi bien le monde naturel que les affaires humaines et qu'il est possible de les connaître pour décider de nos conduites et décisions. Cette présence n'a fait que se consolider depuis le

XIXe siècle, en raison du développement des marchés et de la culture comptable, des outils facilitant le recueil et le traitement informatique des données ou encore des techniques de gestion.

Cette idée associant quantification et connaissance, mesure et vérité, ou encore chiffre et scientificité s'exprime notamment dans les propos enthousiastes de savants, philosophes ou responsables publics. Songeons à la fameuse phrase du grand physicien anglais Lord Kelvin : « Dénué de la capacité de mesurer, le savoir reste ingrat et bien peu satisfaisant » (1889). Songeons aussi à toutes ses déclinaisons plus ou moins fidèles à l'énoncé initial de Kelvin, qui tendent à être présentées comme des principes épistémologiques devenus des proverbes savants : « Il n'y a de science que du mesurable » ; « Quand vous pouvez mesurer ce dont vous parlez, et l'exprimer en chiffres, vous connaissez ce dont vous parlez »... Et n'oublions pas l'affirmation de Gaston Bachelard, « Voulez-vous croire au réel, mesurez-le », celle de Grace Hopper, « Une mesure vaut mille avis d'experts », ou encore celle de François Dagognet, « Connaître, c'est mesurer ».

La mesure et l'approche quantitative font partie des ressorts de la méthode scientifique dans les sciences de la nature, mais aussi dans les autres domaines de la connaissance, y compris en sciences sociales, dont les manuels de méthodologie soulignent souvent le caractère crucial de la quantification. D'ailleurs l'énoncé de Lord Kelvin est gravé sur le fronton du bâtiment accueillant les sciences sociales à l'Université de Chicago.

Mais c'est probablement dans les techniques de management et d'administration, dans les manuels de gestion et de marketing, sur les sites des sociétés d'expertise ou de conseil ou dans les publicités de cabinet d'audit, que le recours à la quantification et au chiffrage est le plus souvent valorisé. Nous pouvons y trouver, souvent sans justification précise, des règles comme « pas de gestion sans mesure », « ce qui est mesuré est géré », « mesurer pour progresser », « pour connaître, il faut mesurer » ou encore « mesurer c'est connaître »...

En somme, non seulement la quantification se situerait au cœur de la démarche savante et des pratiques de recherche scientifique, mais elle en serait une condition nécessaire. Et, non seulement les chiffres seraient des conditions nécessaires à la science, mais ils seraient indispensables à toute activité de connaissance, à toute action rationnelle, à toute intervention raisonnée, à l'échelle collective comme individuelle.

Plus précisément, notre croyance dans la capacité des chiffres à exprimer l'objectivité et à permettre d'accéder à la vérité est le fruit de la rencontre de trois mouvements : un premier mouvement qui place la science et la technique au cœur de notre modernité, en valorise les finalités et les apports, mais aussi les méthodes et les principes ; un deuxième mouvement qui installe l'idée que la mesure est une condition nécessaire à la science et au développement technique ; un troisième mouvement qui diffuse cet impératif de chiffrage à toutes les sphères de l'activité humaine.

L'importance accordée aux chiffres nourrit l'idée que le monde est calculable et que, dès lors, nous pouvons nous en rendre maîtres, par la mesure, la quantification et le calcul. Et, par leur apparence même, les chiffres donnent automatiquement l'illusion de précision et d'exactitude, et donc de fidélité à une réalité profonde. Nous ne sommes pas loin de l'idée que l'ordre de la nature (ou l'ordre divin) serait écrit dans le langage des chiffres et dans la langue mathématique. Accéder à cet ordre sous-jacent au monde qui nous entoure passerait par découvrir puis contempler des chiffres naturellement inscrits dans ce monde.

Bien sûr, les chiffres font également l'objet de critiques virulentes : ils sont accusés de mentir, d'être faux, biaisés, truqués ou orientés. Mais, même les critiques adressées aux chiffres trahissent cette manière de les concevoir : les trouver biaisés, les dénoncer comme mal calculés ou erronés, critiquer leurs imperfections… tout cela alimente l'idée que le monde est mesurable, que des chiffres exacts et objectifs sont possibles. Dire que certains chiffres sont faux ou approximatifs, c'est alimenter qu'il existerait d'autres chiffres justes et exacts. C'est diffuser l'idée que la vérité et le « réel authentique » peuvent être approchés par des chiffres de manière univoque.

Il n'y aurait donc rien à dire sur les chiffres. Nous ne pourrions que les prendre au sérieux, pour peu qu'ils soient méticuleusement établis. Ils s'imposeraient à nous comme le cycle de la naissance et de la mort, comme la loi de la gravitation universelle, comme le théorème de Pythagore pour le triangle rectangle, comme les vérités mathématiques ?

Ainsi les chiffres feraient-ils la loi ?

Ainsi soit-il ?

Pas si sûr.

Coordination et régulation des sociétés

On se trouve ici devant un enjeu d'importance. Assimiler les chiffres et les démarches de quantification à la science, aux démarches positivistes, à l'expérimentation et à la connaissance savante du monde est très réducteur. Cette image des chiffres est un trompe-l'œil. Les chiffres n'ont pas attendu la modernité et les révolutions techniques, industrielles et sociales du XIXe siècle pour s'installer progressivement dans les sociétés. Ils n'ont pas non plus attendu le développement massif des instruments de mesure à partir du XVIIIe siècle. Ils n'ont pas davantage attendu l'essor de la mise en réseaux des données de mesure (par exemple en météorologie) pour s'installer au cœur du fonctionnement des sociétés. Ils n'ont même pas attendu la révolution scientifique du XVIIe siècle, l'envol des pratiques expérimentales et la foi placée dans les mathématiques pour étudier les phénomènes physiques.

La présence des chiffres est attestée dans les sociétés humaines les plus anciennes et n'est pas principalement associée à des quêtes de connaissance savante du monde. L'autorité et la capacité des chiffres à s'imposer dans les espaces sociaux ne proviennent pas nécessairement de l'autorité de la science ou de leur aptitude à exprimer une vérité profonde sur les choses et les phénomènes. Nous devons nous débarrasser de cette idée fausse qui nous fait assimiler la science à des pratiques de mesure et, par inversion ou confusion, qui nous fait voir les mesures, nombres et chiffres comme des faits scientifiques.

L'histoire des sociétés humaines comporte une multitude de pratiques de mise en chiffre dont les motifs étaient bien différents. Pour l'essentiel, les chiffrages avaient pour objectif de coordonner les activités humaines, de trouver des accords entre parties prenantes, de prendre et de justifier des décisions fiscales, militaires ou sociales, de répartir de manière équitable une ressource, de synchroniser les échanges et les activités, d'exprimer et de mémoriser (souvent par écrit) des décisions ou des arrangements… Les chiffres jouent depuis longtemps un rôle social essentiel en permettant aux composantes de chaque société de s'articuler et de s'ajuster.

Ainsi, bien avant l'émergence d'une science des populations (démographie), les sociétés anciennes (Cités, Empires, Royaumes…) avaient conçu des outils de dénombrement des individus, des richesses, des terrains et des productions. Les finalités de ces dénombrements et recensements étaient variables : organiser la levée des impôts ; compter les hommes en mesure de se battre pour constituer une armée ; identifier les besoins des populations pour organiser la production agricole ; enquêter sur l'état d'esprit des sujets afin de prévenir des soulèvements ; montrer la puissance et la présence des autorités ; glorifier un roi ou un empereur… Les activités de recensement des individus, des troupeaux et des richesses sont aussi anciennes que les premiers États : on en trouve notamment des traces les cités-États de Mésopotamie ou dans l'Égypte ancienne, plusieurs millénaires avant notre époque. D'ailleurs écrire des chiffres et des comptes est au moins aussi ancien qu'écrire des mots.

Les chiffres jouent depuis longtemps un rôle social essentiel en permettant

**aux composantes
de chaque société
de s’articuler
et de s’ajuster.**

De la même manière, bien avant l'avènement d'une science des mesures et de leurs unités (métrologie), il existait d'innombrables pratiques de chiffrage des biens et des marchandises sur les marchés ou lors les transactions commerciales. Depuis l'antiquité, l'histoire ne manque pas de témoignages et d'illustrations de l'emprise des chiffres dans les pratiques marchandes et les activités économiques. Apprécier les quantités de céréales, les volumes d'huile ou de vin, les longueurs de tissu, les surfaces de terrain suppose de convenir de manières de compter.

Pendant des siècles, les unités de compte utilisées sont très différentes d'une localité à l'autre, d'une période à l'autre. Nous les jugerions aujourd'hui très vagues. On utilise ce qui tombe sous la main (au sens propre, puisque beaucoup d'unités sont longtemps restées d'origine anthropométrique : pied, pouce, toise, empan, brassée, coudée, pas...) ou des étalons définis à l'échelle locale (ville, seigneurie, comté, région). Et même lorsque l'étalon est défini et imposé par les autorités locales, l'usage n'en est pas nécessairement univoque : on peut remplir un récipient servant d'étalon pour mesurer des céréales en tassant ou en ne tassant pas, en le complétant au ras ou au comble, en appliquant des règles dépendantes du statut du client (noble, visiteur...). Enfin, rappelons que les unités de compte sont souvent propres à chaque type de marchandise : les unités pour mesurer les longueurs variaient selon qu'il s'agissait d'apprécier la taille d'un tissu, une distance sur terre, une distance sur l'eau, la longueur ou la largeur d'un filet de pêche ; les unités de mesure des volumes d'huile n'étaient pas celles utilisées pour le vin ou les céréales.

Même si cela peut paraître surprenant aujourd'hui, cette variabilité des unités et de leurs usages ne posait aucune difficulté pratique dès lors que marchands et clients trouvaient un accord. Les difficultés se faisaient davantage sentir pour les transactions commerciales à distance : dans ce cas, connaître les unités utilisées par le marchand éloigné est un préalable à toute transaction et nécessite un accord en amont, qui pousse à définir de manière plus explicite et consensuelle les unités de compte, ou à disposer de tables de conversion.

Le mouvement vers une uniformisation des unités est toutefois contrarié par les volontés des autorités à utiliser les unités de mesure comme instrument de fiscalité ou de protectionnisme. La définition des unités de mesure est un instrument économique, dont les pouvoirs n'entendent pas se séparer. Les unités ne s'imposent ainsi pas par leur naturalité, mais bien par leur capacité à régler les transactions, dans un rapport de force social et politique spécifique.

Avant l'adoption du système métrique (officiellement, en 1795-1800 en France ; en pratique, au cours du XIXe siècle), le royaume de France comportait des milliers d'unités de mesure. Le boisseau, qui est une des unités de mesure des grains, pouvait valoir 13 litres à Paris, 78,8 litres à Bordeaux ou encore 33,9 litres à Saint-Brieuc. Quant à la lieue (unité de distance), sa signification était propre à chaque région de France : à la veille de la Révolution française, on en dénombrait au moins 13, sans compter la lieue marine, les lieues des pays étrangers ou encore la « lieue d'une heure ».

L'arpentage, consistant à apprécier les surfaces des terrains et à faire des relevés de distances, est une bonne illustration de la manière dont des chiffres jouent un rôle de régulation et acquièrent une autorité sociale. L'arpentage est très probablement une activité aussi ancienne que les premières sociétés sédentarisées. Elle permettait de diviser les terres, de les échanger, de les partager entre plusieurs héritiers. La finalité n'est pas d'acquérir une connaissance exacte des propriétés géométriques des terrains, mais de trouver des principes pour partager et échanger. D'ailleurs, l'activité d'arpentage est longtemps restée distincte des réflexions mathématiques en géométrie. Être arpenteur ce n'était pas être géomètre (au sens de la branche des sciences mathématiques), c'était surtout avoir l'autorité et la confiance nécessaires pour proposer une évaluation et un découpage acceptés par toutes les parties prenantes. L'arpenteur est plus proche de l'homme de loi que de l'homme de science.

Quant aux « mesures du temps », elles nous sont tellement familières que nous avons tendance à oublier qu'elles sont produites par des dispositifs techniques spécifiquement conçus pour cela et réglés de manière conventionnelle. Sans ces dispositifs, impossible de connaître l'année, la date, l'heure, les minutes et les secondes. La plupart d'entre nous, au moins dans les sociétés riches, possèdent plusieurs instruments indiquant ces chiffres (montre, horloge, téléphone, ordinateur…). Ces instruments sont l'aboutissement d'un très long processus social et technique ayant conduit à définir l'unité « seconde », à l'adopter à l'échelle mondiale, à concevoir des instruments de plus en plus précis pour compter les secondes (et donc les minutes, heures, journées, années…) et à synchroniser de manière de plus en plus précise ces instruments, à la fois entre eux et avec le cycle des mouvements astronomiques. Ce qui nous paraît « naturel » (la seconde et la mesure du temps à l'aide de cette unité) est le résultat de plusieurs millénaires de construction intellectuelle et matérielle et de socialisation à ces pratiques de découpage et de chiffrage du temps.

Cette histoire est non seulement celle du choix d'une unité et de sa définition, mais aussi celle de la construction progressive d'un rapport « chiffré » au temps. Aujourd'hui la définition d'une seconde est totalement indépendante des phénomènes astronomiques, alors que son origine est liée au découpage des journées et donc au cycle de rotation de la Terre sur elle-même. Ce découpage a d'ailleurs longtemps correspondu à la division de la période diurne et la période nocturne en 12 morceaux d'une heure chacune : les historiens parlent d'heures inégales (ou temporaires). Les heures du jour et celles de la nuit n'avaient pas la même « durée », et ces durées variaient selon les périodes de l'année et selon les lieux : par exemple, une « heure » d'une journée d'été dans l'hémisphère nord est beaucoup plus longue qu'une « heure » d'une nuit d'été ou qu'une heure d'une journée d'hiver. Mais, là encore, même si cela peut paraître troublant à nos yeux, ces manières de découper et de chiffrer le temps ne posaient pas de difficultés pratiques majeures. D'ailleurs l'usage des heures inégales a longtemps perduré, même après l'introduction d'horloges mécaniques capables de compter de façon assez régulière l'écoulement du temps, de nuit comme de jour.

Se positionner dans le temps suppose également un repère servant de « zéro » ou d'« origine » : celui-ci est longtemps resté indexé sur le moment du lever du soleil… et dépendait lui aussi de la latitude et de la période de l'année. Aujourd'hui, ce repère est situé à minuit (ou 00 h 00 min 00 s) dont l'identification ne peut pas se passer d'instruments sophistiqués.

Se repérer dans le temps et mesurer des durées est un besoin pour les astronomes, les physiciens et les navigateurs au long cours. Mais ce besoin explique-t-il la présence des cadrans solaires ou des horloges à eau dans les villes l'Antiquité romaine ? Permet-il de comprendre la présence de bougies ou de lampe à huile calibrées dans les cellules des monastères, l'apparition des cloches et des horloges au sommet des églises à partir de la fin du Moyen Âge ? Justifie-t-il l'installation progressive d'horloges dans les ateliers et manufactures, notamment au XIXe siècle ? La réponse à ces questions est négative : la présence d'instruments d'appréciation du temps dans les villes, dans les salles de classe ou dans les usines s'explique avant tout par des besoins de coordination des activités humaines, par des besoins de justice ou de respect des conventions (par exemple sur la durée du temps de travail ou d'enseignement).

Disposer de repères temporaires pour rythmer la vie sociale est une nécessité : sans eux, il est difficile d'organiser les moments collectifs, les assemblées, les temps de la prière ou du travail, les moments de repos, le temps des fêtes. Par exemple, le temps de parole dans les tribunaux a souvent été régulé par des instruments de mesure du temps : dans sa *Constitution d'Athènes*, Aristote précise que ce temps de parole devra être contrôlé par des horloges hydrauliques, « l'eau devait être répartie selon les types de discours devant être donnés, ce afin que des quantités égales de temps puissent être distribuées aux citoyens impliqués ». Au Moyen Âge, cette pratique persistera. Ainsi, la durée des tortures était elle-même réglementée et contrôlée, par crainte qu'une durée excessive ne finisse pas par nuire à la qualité des aveux.

La régulation des activités et la répartition des ressources par une appréciation du temps sont fréquentes, notamment lorsqu'il s'agit d'utiliser une ressource rare. Teinturier, forgeron et meunier doivent par exemple apprendre à partager et respecter le temps d'utilisation de l'eau.

Deux types d'instruments temporels ont très longtemps coexisté : ceux permettant d'apprécier des durées (clepsydre, horloge à eau, bougie, lampe à huile, sablier, chronomètre...) et ceux permettant de situer des moments dans le cycle des années, des mois ou des journées (calendriers, gnomons, scaphés, cadrans solaires, astrolabes, horloges mécaniques...). Ces deux fonctions (se repérer dans les cycles du temps ; mesurer des durées) ont fini par converger dans des dispositifs uniques, mais cette convergence est finalement récente.

Ces besoins de coordination, de régulation et d'articulation ne sont pas seulement les ressorts fondamentaux des quantifications les plus anciennes, dans les cités-États de Mésopotamie, sur les rives du Nil ou dans les sociétés féodales : ils sont aussi au cœur des démarches de quantification les plus contemporaines.

Passons rapidement sur la monnaie, qui est une manière conventionnelle de chiffrer les valeurs des biens et des services sur les marchés, mais aussi de quantifier des grandeurs non régulées par des « marchés » (indemnités d'assurance ou de justice, réparations, dédommagements, dons...).

Songeons surtout à des cas aussi divers que mesurer le chômage, l'intelligence, la dépression, la bipolarité, la popularité, la confiance, la croissance, la performance, l'inflation, la satisfaction, l'opinion… Arrêtons-nous par exemple sur le cas des outils supposés mesurer l'intelligence (échelle de Binet, QI) ou la dépression (échelle de Hamilton par exemple) : pour les psychologues ou psychiatres qui sont à l'origine de ces outils au cours du xxe siècle, il s'agissait de constituer des instruments pour comparer des situations. L'objectif était par exemple d'étudier les variations d'intensité de la dépression d'un individu dans le temps ou selon les circonstances, de saisir la progression de l'intelligence chez un enfant au fil de son développement, de comparer les capacités intellectuelles des individus selon leur situation ou leur éducation ou encore de confronter les niveaux de dépression de deux personnes, etc. En répondant à ces besoins, les outils conçus donnent vie aux grandeurs qu'ils sont supposés mesurer. Sans ces outils, ces grandeurs resteraient des concepts abstraits et peu opératoires : elles ne seraient donc pas en mesure de participer aussi activement au gouvernement des conduites et à l'articulation des actions.

Dans un autre registre, considérons le cas de la compensation écologique, qui a pour but de remédier à la dégradation environnementale induite par un aménagement (route, bâtiment, aéroport, port...) par des mesures visant à équilibrer la perte d'un écosystème par la création ou la préservation d'un autre écosystème supposé équivalent. Ce principe repose sur des calculs ayant pour objectif de définir et de chiffrer la qualité globale d'un écosystème ; celle-ci est globalement définie comme le produit de la surface de terrain par un indicateur de qualité et d'intérêt écologique de ce terrain. Un aménageur échange donc les « unités de crédits » de l'écosystème qu'il va détruire par les « unités de crédits » de l'écosystème de qualité au moins égale qu'il s'engage à protéger. Le système de quantification vise ainsi à concilier le développement économique et la protection de la nature. En rendant possible un marché où les écosystèmes peuvent être échangés après avoir été chiffrés, le principe et le calcul de compensation écologique

Les dispositifs de chiffrage rendent possibles les décisions et les actions, tout en les structurant.

participent à la dynamique de l'économie et à l'articulation plus ou moins harmonieuse des acteurs (aménageurs, investisseurs, écologistes, riverains, scientifiques, pouvoirs publics…). Là encore, sans les outils de quantification des écosystèmes, le principe de compensation resterait un principe abstrait très difficile à mettre en œuvre. Les dispositifs de chiffrage rendent possibles les décisions et les actions, tout en les structurant à travers des manières de « compenser » la dégradation d'un écosystème.

Enfin, mentionnons les notes attribuées par les agences de notation aux principaux agents économiques (sociétés, pays) : ces notes (souvent figurées par des lettres) sont destinées à partager la connaissance du paysage économique et à contribuer à l'articulation des actions des agents.

Avant tout, un chiffre est relationnel : il met en relation des individus, collectifs ou institutions qui agissent de concert en se référant à ce chiffre. Il est aussi structurant par les définitions et conventions qu'il incarne.

Statistiques et construction des sociétés

Si la présence des chiffres dans les sociétés humaines est très ancienne, il faut reconnaître qu'elle s'est progressivement renforcée et qu'elle a connu des moments de forte accélération. L'histoire de cette présence peut être vue comme résultant à la fois de l'amplification de la présence de gammes de chiffres déjà existantes (l'usage des « poids et mesure » et d'instruments de « mesure du temps » n'ont fait que s'étendre au fil des siècles) et du développement de nouveaux types de chiffres.

Au nombre des chiffres qui sont venus s'ajouter à ceux déjà en usage, il faut notamment citer les statistiques : leur essor est contemporain du développement des monarchies administratives à l'époque moderne puis du renforcement des administrations des États à partir des XVIIIe et surtout XIXe siècles. D'ailleurs le XIXe siècle est souvent perçu comme le « siècle statistique », voire celui du « torrent statistique » et de « l'avalanche des nombres » – au point que des auteurs comme Offenbach ou Labiche moquaient l'engouement de leur temps pour les statistiques dans certains de leurs opéras ou drames.

Les statistiques (sociales, économiques, démographiques, médicales...) sont devenues une des formes de chiffres qui nous est le plus familière. Elles occupent une place de choix dans nos sociétés contemporaines et sont constitutives de nos états modernes. L'étymologie de « statistique » témoigne d'ailleurs de ce lien à l'État : le terme allemand « *Staatskunde* », apparu au XVIIIe siècle et dérivé du latin « *statisticus* » (relatif à l'État) et de l'italien « *statista* », désignait une science de l'État. Les statistiques constituent des instruments de pilotage, de coordination et de décision, grâce aux images du monde social et économique qu'elles construisent et offrent aux responsables politiques et économiques.

Les statistiques sont vues comme des techniques de gestion. Elles sont notamment perçues comme indispensables à la conduite de l'État, tout en étant dépendantes de la puissance de l'État, puisque celui-ci doit être en mesure d'organiser une collecte méticuleuse et homogène puis un traitement rigoureux de données sur l'ensemble de son territoire et de sa population. Seuls les États dotés d'une administration bien structurée et bien formée sont en mesure d'assurer l'organisation matérielle et intellectuelle de production de statistiques. Le développement de statistiques dans un État est le signe de l'existence d'une administration forte et légitime, tout en étant un des leviers par lesquels l'État et son administration exercent leurs pouvoirs.

Leur cas mérite une attention particulière, à la fois parce qu'il permet de bien comprendre la dimension conventionnelle et construite des chiffrages, parce que les statistiques sont généralement entourées d'une forte légitimité, et enfin parce que les sociétés leur ont progressivement accordé beaucoup de crédits (en fondant par exemple de nombreux instituts et services statistiques).

Au fil du temps, la production de statistiques a concerné une gamme de plus en plus vaste de faits : ceux du cycle de la vie (naissance, mariage, décès, migration, maladie…) ; ceux de l'activité économique (production, travail, chômage, accident, échanges, inflation, déficit, croissance, inégalités, prévisions, pauvreté...) ; ceux de la vie morale et sociale (opinions, loisirs, emploi du temps, vacances, sociabilités, stratifications, crimes et délits, structures familiales, conditions de vie, culture, sport...) ; ou encore ceux de la formation et de l'école (scolarisation, niveaux, diplomations, déscolarisation, réussites et échecs...). Aujourd'hui, en France, tous les ministères importants sont dotés d'un Service statistique ministériel (SSM) : Agriculture, Collectivités locales, Commerce, Culture, Défense, Énergie et Logement, Éducation, Jeunesse et sports, Justice, Santé, Sécurité intérieure, Travail, etc. Chaque SSM mesure l'activité et l'action de son ministère, et fournit une vision chiffrée du domaine de la société couvert par ce ministère, qui vient compléter les données fournies par l'Insee.

Les chiffres statistiques ont également contribué au développement des sciences de la société, notamment celui de la démographie, de l'économie, de la géographie et de la sociologie. À leur tour, ces disciplines scientifiques ont participé à l'essor des données statistiques, soit en faisant naître de nouveaux besoins et donc de nouvelles enquêtes, soit en contribuant à forger les analyses et les critiques des données statistiques existantes. Aujourd'hui, les institutions ou les services statistiques sont souvent liés à des centres de recherche en sciences sociales. Soit à travers des échanges de données et de compétences, dans des cadres plus ou moins contractualisés. Soit en intégrant en leur sein des équipes de recherches conduisant des travaux de sciences sociales.

Ce lien entre la recherche académique en sciences sociales et la production de statistiques ne doit toutefois pas masquer le fait que la statistique est aussi une technique d'administration et de gestion, destinée à participer à la conduite des affaires publiques comme privées. C'est particulièrement visible dans les motifs avancés par l'économiste et philosophe Jean Bodin à la fin du XVIe siècle pour réaliser des recensements de population : il souhaite savoir « de quel métier chacun se mêle, de quoi il gagne sa vie, afin de [...] bannir les vagabonds, les fainéants, les voleurs » et aussi « combien on en pouvait tirer, fut pour aller à la guerre, [...] fut pour employer aux labeurs et corvées des réparations et fortifications publiques, fut pour savoir les provisions et les vivres qui étaient nécessaires aux habitants de chaque ville ». Les intentions exprimées au XVIIIe siècle par le contrôleur général des finances Orry sont similaires : il s'agit de déterminer le nombre de « garçons […] sujets à la milice et capables de porter les armes », les ressources que l'on pourrait trouver sur l'ensemble du territoire pour contribuer à « l'augmentation des revenus du Roy », ainsi que de recueillir « ce que diront les habitants » des « bruits d'une augmentation d'un tiers sur les droits des entrées » et de « la levée d'une future milice de deux hommes dans chaque paroisse ».

Aujourd'hui, le recensement de la population réalisé par l'Insee est présenté comme visant à « connaître la population française », à « établir la population officielle de chaque commune », à « définir les moyens de fonctionnement des communes » (*i. e.* calculer la participation de l'État aux budgets des communes, mais aussi déterminer le nombre d'élus au conseil municipal, le mode de scrutin, le nombre de pharmacies…) et enfin à « prendre des décisions adaptées pour la collectivité » (prévoir les équipements collectifs nécessaires comme les écoles, les hôpitaux, les moyens de transport...). Le recensement est un outil pour les élus et leurs administrations.

L'analyse sociohistorique des statistiques (à la suite des travaux d'Alain Desrosières notamment) permet de saisir un point fondamental : il n'y a pas de statistiques sans conventions. Pour compter, il faut rendre les choses commensurables, c'est-à-dire définir les critères ou points de vue selon lesquels ces choses sont comparables. Les phénomènes sociaux, humains ou naturels présentent une telle diversité et une telle complexité qu'il est nécessaire d'adopter un point de vue particulier pour s'entendre sur ce qui sera jugé équivalent ou identique et ce qui ne le sera pas. Sur quels critères et selon quelles définitions va-t-on considérer que deux personnes partagent suffisamment de traits communs pour qu'il soit possible de les placer l'une et l'autre dans la même catégorie de « pauvre », « cadre dirigeant », « chômeur », « immigrant », « employé de commerce », « victime de discriminations », « déficient visuel » ou encore « surdoué ».

Un accord est indispensable pour décider ce qui est jugé équivalent et donc pour définir les catégories autorisant ensuite le comptage, le dénombrement, le chiffrage. Les catégories doivent être suffisamment fines pour ne pas mélanger des situations trop différentes, mais suffisamment larges pour ne pas produire autant de catégories qu'il y a de situations singulières. La production de ces conventions est un processus social, fruit de rapports de force entre les pouvoirs et les acteurs concernés (administrations, élus, syndicats, dirigeants économiques, scientifiques, experts…).

Considérons le cas emblématique du chômage. Même si elle nous est très familière au point de paraître « naturelle », il faut bien prendre conscience qu'il s'agit d'une catégorie inscrite dans le cadre de conceptions spécifiques du « travail », du « marché du travail », de la « loi de l'offre et de la demande ». Cette catégorie conventionnelle « chômeur » a progressivement été construite à partir des années 1870 et surtout 1880-1890. Sa définition connaît régulièrement des ajustements plus ou moins importants, bien que souvent présentés comme techniques.

Si le terme « chômer » était initialement associé aux situations de non-travail plus ou moins volontaire, il finit par désigner les situations de manque ou d'absence de travail. Un des enjeux de la construction de la catégorie de « chômeur » est de déterminer quelles sont les raisons de ce manque de travail : la maladie, l'âge, le manque de compétence, le handicap, la paresse, le refus, la maternité, l'absence d'offre de travail, l'éloignement de l'offre, la pénurie d'offres correspondant aux compétences ? Un autre enjeu est de définir quelles sont les activités qui peuvent être considérées comme du travail, et dont l'absence ou le manque définit donc le « chômage » : être un travailleur saisonnier, un vagabond, un mendiant, une « fille publique », un travailleur intermittent, un rentier, un saltimbanque, un élève ou un étudiant… est-ce avoir un travail ? Évidemment, la construction de la catégorie est aussi une bataille sur les mots permettant de désigner les situations et de les rapprocher (ou pas) les unes des autres.

Le « chômage » est le fruit d'un important processus classificatoire et calculatoire relatif à des manières de percevoir, représenter et chiffrer des situations finalement très variées. Cette catégorie conventionnelle occupe une place centrale dans

La connaissance produite par les statistiques concerne une société

elle-même fabriquée par cet acte de mise en statistique.

les débats sociaux et est un élément central de conduite des politiques économiques, sociales et fiscales. Avec elle, ce sont toutes les notions de « marché du travail », de « déséquilibre » de ce marché, et même de « travail » qui sont en jeu.

La notion et les chiffres du chômage constituent un cas particulièrement éclairant d'un point consubstantiel à toute démarche de chiffrage : ils façonnent la société en participant à l'invention de nouvelles catégories de perception et d'action. Le chômage et ses chiffres se construisent en même temps que la société faisant l'objet de cette mise en statistique. Loin d'être de simples photographies d'un état de fait préexistant, ils participent activement à la construction des représentations des sociétés.

S'appuyant nécessairement sur des conventions, les statistiques contribuent à les renforcer, à les légitimer et les réifier. Les statistiques participent directement à installer ces conventions au cœur des sociétés. Il est essentiel de comprendre que la connaissance produite par les statistiques concerne une société elle-même fabriquée par cet acte de mise en statistique.

Ces constats, établis pour le cas spécifique du chômage et de ses chiffres, valent pour l'ensemble des indicateurs chiffrés dont nous sommes si familiers : croissance, inflation, déficit, produit intérieur brut (PIB), productivité, production industrielle, empreinte écologique, indicateur de pauvreté... Ce sont les conventions, dont les définitions sont plus ou moins contraintes d'un point de vue technique et politique, qui font les statistiques et donc qui façonnent notre conception du monde et de nos sociétés, et rendent donc possible nos actions, décisions, arbitrages.

Les chiffres statistiques et leurs conventions sous-jacentes forgent la « réalité » en nous fournissant des moyens pour l'appréhender, pour articuler nos représentations, et finalement pour agir sur elle. Ils participent à la construction de la « langue » et du « récit », dont toute société a besoin pouvoir pour relier ses diverses composantes, pour articuler ses acteurs et ses institutions, pour permettre à chacun de s'orienter et d'agir.

Évaluations et compétitions chiffrées

Parmi les chiffres venus progressivement s'ajouter à la vie de nos sociétés, les chiffres évaluatifs et comparatifs méritent une attention particulière car ils étendent encore davantage l'emprise et le pouvoir des chiffres sur nos actions, nos décisions et nos manières d'organiser nos sociétés, en somme sur nos vies. Sous la bannière de « chiffres évaluatifs et comparatifs » peuvent être rangées : toutes les notations attribuées à des biens ou services pour en mesurer la qualité, par exemple les notes laissées par des usagers d'un restaurant, hôtel, musée, application, modèle de téléphone, service d'assistance téléphonique, guichet d'une administration, conducteur d'un service de transport, ou encore thérapeute ; toutes les évaluations laissées par un supérieur hiérarchique à ses équipes ou à ses subordonnés ; toutes les notes et les classements (reposant généralement sur des quantifications) des hôpitaux, cliniques, lycées, universités, écoles, villes, films, morceaux de musique et même pays (*via* les agences de notation) ; tous les indicateurs de performance utilisés dans les secteurs publics comme privés pour mesurer l'activité et apprécier les réussites ou les échecs ; tous les indicateurs d'activité physique (nombre de pas, distance parcourue en footing, vitesse d'un itinéraire à vélo, calories dépensées) et plus généralement toutes les mesures de soi (*Quantified Self* : poids, données biologiques, durée et qualité du sommeil, humeurs)...

Les exemples pourraient être multipliés presque infiniment. Comme les statistiques, ces chiffres ambitionnent de mesurer certains aspects de nos vies personnelles, sociales, économiques ou politiques. Les différences avec les statistiques (notamment publiques) sont toutefois nombreuses et notables. Premièrement ces chiffres sont associés à des hiérarchies de valeur : il existe des bonnes et des mauvaises notes, des évaluations positives ou négatives, des performances plus ou moins satisfaisantes ; il existe des notes désirables, auxquelles chacun est supposé aspirer... Deuxièmement, ces chiffres concernent des petits groupes voire des individus singuliers : à la différence des statistiques publiques qui portent sur de vastes populations et territoires (pays, régions, villes, secteurs économiques, catégories de population...), les chiffres évaluatifs et comparatifs ciblent des individus, des collectifs, des entreprises, des biens et des services de manière spécifique et non anonyme. Les classements des hôpitaux ou des lycées hiérarchisent nominativement chacun d'entre eux ; les évaluations attribuées par un cadre à un exécutant concernent directement celui-ci ; les notes données à un hôtel ou produit de consommation ne visent nommément que cet hôtel ou ce produit... Troisièmement, ces chiffres cherchent à faire changer les comportements : un service ou un individu mal noté doit réagir pour progresser et donc améliorer ses notes. Les universités mal positionnées dans le classement de Shanghai sont supposées réagir et entreprendre des réformes visant à les faire progresser, et un restaurant mal noté par ses clients est supposé améliorer la qualité de ses plats ou de son accueil.

Les chiffres évaluatifs sont destinés à faire naître des réactions de la part de ceux qui sont chiffrés : le chiffrage est répété dans le temps de façon plus ou moins fréquente, de manière à créer une dynamique supposée vertueuse. Les individus ou collectifs évalués peuvent donc comparer leur « performance », « qualité », ou « accomplissement » dans le temps, mais aussi entre eux. En cela ces chiffres évaluatifs stimulent la comparaison et la compétition : ils participent à la création de « compétitions ou concurrences chiffrées ».

Les raisons de l'essor voire de l'invasion de ces chiffres évaluatifs sont multiples. Pour une bonne part, leur développement résulte des idées portées par le New Public Management et le benchmarking à partir des années 1970, c'est-à-dire par des principes d'évaluation systématique des procédures, des décisions, des stratégies, en les comparant avec les pratiques concurrentes et en recherchant les « meilleures pratiques ». Les secteurs privé comme public sont imprégnés de cette approche du pilotage et de l'arbitrage, qui est finalement une des manifestations de la philosophie néolibérale (autonomisation et responsabilisation des acteurs ; généralisation de la valorisation et de la marchandisation ; mise en concurrence systématique ; incitation à la flexibilité et

Non seulement les secteurs publics ne sont pas épargnés, mais ils font partie

des plus touchés par cette culture du chiffrage évaluatif et compétitif.

l'adaptation permanente ; culture de la transparence et de l'efficience). Non seulement les secteurs publics ne sont pas épargnés, mais ils font partie des plus touchés par cette culture du chiffrage évaluatif et compétitif (domaines de la santé, de l'éducation, de la sécurité, de la recherche ou encore des finances publiques).

Un autre facteur essentiel du développement de ces chiffres évaluatifs est la multiplication, depuis la fin du XXe siècle puis surtout le début du XXIe siècle, des interfaces permettant de stimuler les réactions des utilisateurs et de capturer des informations de manière permanente (ordinateurs, téléphone, capteurs, détecteurs, montres connectées, web 2.0, plateformes de réseaux sociaux ou de services en ligne...). Aujourd'hui rares sont les services portés par le numérique qui ne proposent pas à leurs clients ou usagers de laisser une évaluation et de partager leur satisfaction, et rares sont les plateformes ou les outils de gestion informatique qui ne proposent pas des indicateurs synthétiques de mesure de l'activité ou de traçages des usages. Même les likes sur les réseaux sociaux sont des chiffrages.

L'essor de ces chiffrages est particulièrement notable dans les secteurs des services : l'évaluation de la qualité d'un service (prestation de livraison, de formation, de soin, d'écoute, d'assistance, de transport, de restauration...) est plus délicate à évaluer que celle d'un produit manufacturé ou d'une marchandise standardisée. Les usagers et les clients sont donc incités à exprimer leur avis et leur satisfaction sur la qualité : les services peuvent donc être classés puis comparés selon le taux de satisfaction.

Ce type de chiffre présente de nombreuses différences par rapport à l'idéal-type de la métrologie et, par exemple, de la mesure des longueurs à l'aide du mètre.

D'une part, les définitions des grandeurs mesurées (la qualité, la performance, la satisfaction) ne sont pas univoques et sont même souvent très vagues : chaque usager ou client peut en avoir sa propre conception, ce qui n'empêche pas de rassembler leurs avis à travers une moyenne ou un indicateur synthétique calculé automatiquement. Songeons par exemple aux plateformes de conseils et d'avis pour touristes, qui établissent, à l'aide des avis laissés par des visiteurs d'une ville donnée, un classement unique mêlant aussi bien des musées, des sorties en péniche, des lieux de loisirs et de détente, des quartiers, des magasins ou encore des jardins. Pensons aussi aux mesures de l'opinion publique qui prétendent saisir les rapports de force politique à l'aide de questions souvent vagues et générales dont les significations ne sont pas univoques.

D'autre part, par vocation, les chiffres évaluatifs sont supposés faire réagir celui ou celle qui est évalué : deux mesures successives ne sont donc pas supposées donner le même résultat. Nous avons déjà évoqué cet effet dynamique qui est supposé être vertueux. Mais ce n'est pas toujours le cas : lorsque le service d'urgence d'un hôpital est évalué par la mesure du temps d'attente moyen des patients, il peut avoir tendance à moins bien soigner ces derniers ou à les renvoyer au plus vite chez eux pour réduire le temps d'attente. Le chiffrage évaluatif peut donner naissance à des stratégies d'évitement, de détournement, qui dégrade finalement la qualité tant recherchée. Dans tous les cas, on peut estimer avec l'économiste Charles Goodhart que « quand la mesure devient l'objectif, elle cesse d'être une bonne mesure ».

Tous ces chiffres participent à l'idée que tout est chiffrable, mesurable et évaluable, et qu'il ne peut pas y avoir de performance et de progrès sans évaluation et chiffrage. C'est exactement ce qu'exprimait Nicolas Sarkozy, alors président de la République, devant les principaux responsables de la recherche scientifique et de l'enseignement supérieur le 22 janvier 2009 : « Franchement, la recherche sans évaluation, cela pose un problème. D'ailleurs toute activité sans évaluation pose un problème [...]. S'il n'y a pas d'évaluation, il n'y a pas de performance ».

Finalement, qu'est-ce qu'un chiffre ?

Les chiffres parlent donc de choses très différentes : poids, distance, durée, croissance, chômage, intelligence, dépression, qualité, compensation écologique, performance, opinion, etc. Mais, finalement, qu'est-ce qu'un chiffre ? Comment parvient-il à nous parler ? Y a-t-il réellement des points communs entre ces chiffres, en dehors du fait qu'ils partagent tous le même système symbolique d'écriture ? Comment les définir en étant fidèle à ce que nous avons dit d'eux jusqu'ici ? Il est temps de revenir au mot pour en dégager le sens concret, débarrassé de ses couches de signification nées des contextes spécifiques d'usage. Qu'est-ce qui se cache derrière l'apparente diversité des natures, rôles et statuts des chiffres ?

Toute quantification repose sur trois aspects fondamentaux : une convention ; un dispositif technique ; un pouvoir.

En premier lieu, tout chiffre repose sur une convention. Cet aspect a déjà été largement souligné dans les pages consacrées aux statistiques, mais il faut bien comprendre que la convention est nécessaire pour toute opération de quantification. La convention est ce par quoi les grandeurs et entités en présence deviennent commensurables. Sans convention, c'est-à-dire sans principe de mise en équivalence, il est impossible de rapprocher, comparer ou compter des situations ou des entités qui sont distinctes et singulières.

La convention peut être locale (unités de mesure en vigueur sur les marchés médiévaux ; indicateurs de performance dans un atelier ; échelles de qualité de vie propre à un établissement de soin ; etc.), mondiale (temps universel ; chômage selon le BIT ; échelles psychiatriques du manuel de référence international de la psychiatrie) ou de portée plus intermédiaire (compensation écologique). La convention peut résulter d'un long et méticuleux travail de construction (système international d'unités) ou bien d'indications vagues (notation un restaurant à l'aide d'étoiles selon la subjectivité propre de chaque client).

L'existence d'une convention est une nécessité sociale puisque les protagonistes concernés par le chiffrage doivent pouvoir s'entendre sur ce qui est chiffré,

Toute quantification repose sur trois aspects fondamentaux : une convention ; un dispositif technique ; un pouvoir.

sur la signification et la définition de la grandeur quantifiée : avant de chiffrer la croissance, la valeur d'une vie, le poids, la compensation écologique ou encore la qualité d'un service, il faut s'entendre sur ce que ces termes désignent, au moins vaguement. Rappelons que les unités de mesure utilisées ont longtemps et souvent été dotées de significations exprimant leur « finalité », leur raison d'être : elles étaient « signifiantes » (selon le terme de l'historien Witold Kula). Les surfaces des terrains pouvaient par exemple être exprimées en unités de temps nécessaires à leur entretien : on parlait de « journée », « fauchée » ou « ânée » pour dire qu'un terrain pouvait être labouré ou fauché en une journée de travail pour un homme ou en une journée de travail avec un âne.

La convention concerne aussi les aspects techniques du chiffrage. Il faut s'accorder sur les modalités matérielles et pratiques qui permettront de produire le chiffre : unités ; étalons ; instruments ; protocoles de questions ou suite d'indicateurs à agréger ; mode d'emploi ; mode de calcul…

La convention comporte donc un volet cognitif, théorique et conceptuel, ainsi qu'un volet technique, pratique, opératoire. Sans le premier volet, le chiffre n'a pas de signification ou de portée suffisante pour être compris par les acteurs. Sans le second volet, il est impossible de produire le chiffre puisque celui-ci ne s'offre pas spontanément aux acteurs : il faut le produire à l'aide d'un processus technique.

Même si la convention peut être contrainte par l'expérience et l'empirique, il faut bien comprendre que cette convention est avant tout sociale. Ce n'est pas parce que celle-ci semble indexée sur la nature qu'elle est naturelle. La définition du mètre comme une fraction du méridien terrestre ou comme distance parcourue par la lumière en une fraction de temps, la définition de la seconde comme le multiple d'une pulsation atomique ou la définition du (kilo)gramme à partir d'une constante physique fondamentale (constante de Planck) semblent naturelles. Mais c'est une illusion : d'autres définitions auraient été possibles. Asseoir la définition sur la « nature » permet de lui conférer davantage de légitimité et d'atténuer leur subjectivité : lors de la définition du mètre à la fin du XVIIIe siècle, la référence à la nature et à la science a légitimé l'unité en lui permettant de ne pas être accusée d'être « parisienne » ou « bourguignonne ». Le mètre était destiné « à tous les hommes et à tous les temps ».

En plus de ses aspects conventionnels, tout chiffrage repose sur des *dispositifs techniques matériels et cognitifs.* Aucune quantification n'est possible sans la réalisation d'opérations concrètes, qui sont à la fois matérielles (recueillir des observations ou informations, manipuler un récipient-unité, utiliser un instrument de métrologie, capter des données primaires…) et cognitives (calculer, moyenner, compiler, lister…). L'histoire des pratiques de mesure est indissociable de l'histoire des techniques matérielles ou immatérielles : instruments de mesure ; capteurs ; algorithmes ; mises en séries ; théories probabilistes… Songeons aussi au rôle de l'écriture, des chiffres arabes, des livres de comptes et de lettre de change dans l'essor de la comptabilité et de l'arithmétique commerciale à la fin du Moyen Âge, ou encore au rôle des techniques de traitement de l'information (fiches, classeurs, tableaux, courriers, machine à écrire, formulaires, calculateurs, machines comptables, téléphones, pointeuses, etc.)

dans la transformation et le chiffrage des sociétés à partir du XIXe siècle – sans oublier un fameux tableur à partir de la fin du XXe siècle. Et la production de chiffres du recensement sur un vaste territoire est impossible sans l'existence d'un vaste réseau technique et humain, sans des fichiers (papiers ou numériques), sans questionnaires, sans crayon ou électricité, sans enquêteur ou interface de saisie, sans calculs et calculateurs.

La convention n'est pas toujours suffisamment claire et précise pour déterminer exactement ce qui est chiffré. Il n'est pas rare qu'il existe des controverses entre acteurs, mais celles-ci peuvent être dépassées ou plutôt contournées par l'accord, plus ou moins contraint, sur le dispositif technique de mesure. L'instrument ou le dispositif de mesure définit alors la grandeur mesurée de manière opérationnelle : la grandeur est réifiée grâce au dispositif technique de sa quantification. À la question « Qu'est-ce que l'intelligence ? », il est au moins possible de répondre : « l'intelligence est ce que mesure le test d'intelligence ». Autres exemples : l'opinion publique est ce que mesurent les sondages d'opinion ; la compensation écologique est ce que le calcul de compensation juge comme équivalent. Une telle réponse peut d'ailleurs s'observer en sciences physiques : aucune définition du temps ne fait consensus, mais nous savons le compter grâce aux horloges qui ne sont rien d'autre que des dispositifs comptant des pulsations avec une précision et une régularité redoutables.

Cette vision est « opérationnaliste » est finalement très courante : on ne sait pas toujours bien ce que mesure un dispositif de quantification, mais son usage s'installe et beaucoup de décisions s'y réfèrent. C'est par exemple le cas du classement de Shanghai des universités : au-delà de sa définition purement technique, il est très difficile de savoir ce que ce classement exprime réellement, mais presque toutes les politiques de pilotage de l'enseignement supérieur et de la recherche s'y réfèrent. Il est très commun d'entendre dans la bouche des présidents d'universités : « on sait bien que ce classement est controversé et difficile à interpréter, mais on doit en tenir compte puisque tous les autres acteurs s'y réfèrent et agissent en conséquence ». Le chiffre est pertinent, non pas de manière absolue ou intrinsèque, mais parce que beaucoup d'acteurs s'y réfèrent et articulent leurs actions autour de ce chiffre.

Aux dimensions conventionnelles et techniques du chiffre s'ajoute un troisième ingrédient majeur : un pouvoir. Le pouvoir est un aspect souvent oublié dans la production des chiffres. Or il faut du pouvoir pour définir ce qu'on compte et ce qu'on ne compte pas, la manière dont on va le compter, pour vérifier et certifier les résultats des quantifications, pour légitimer le chiffre, pour diffuser et imposer la convention ou le dispositif technique. Il n'y a pas de chiffrage sans pouvoir, même si la nature et l'emprise de ce pouvoir ne sont pas toujours les mêmes.

Ces pouvoirs peuvent prendre des formes très variables : pouvoir d'une communauté savante qui construit et impose progressivement ses conceptions et normes de mesure (par exemple les échelles d'évaluation en psychométrie ou psychiatrie) ; pouvoir des organismes internationaux qui travaillent au contrôle et à la mise à jour des conventions (par exemple le Bureau international des poids et mesures, BIPM) ; pouvoir des supérieurs hiérarchiques qui établissement des critères et instruments pour mesurer la performance et la qualité du travail des salariés ; pouvoir des plateformes qui centralisent toutes les informations pour calculer des scores (par exemple le classement des restaurants ou des lieux touristiques...).

Définir le mètre et en contrôler l'usage est une manière d'exercer son pouvoir. C'est d'ailleurs une des raisons d'être de l'adoption du système métrique au moment de la Révolution française : asseoir le pouvoir de la République sur l'ensemble du territoire, en atténuant ceux des aristocrates et les usages locaux des poids et mesure. C'était d'ailleurs l'une des revendications exprimées dans les cahiers de doléances.

Posséder et maîtriser les horloges dans les ateliers industriels du XIXe siècle est une manière de contrôler le temps de travail, d'en rythmer le début, la fin et les pauses, alors que les ouvriers ne sont pas équipés de montres individuelles ou n'ont pas, parfois, le droit de l'être.

Avoir le monopole des mesures de la radioactivité à proximité d'une usine de traitement de déchets radioactifs ou lors

Le chiffre est un levier pour exercer son pouvoir. Mais il peut aussi être un instrument pour mettre en cause un pouvoir.

d'un accident nucléaire, les autoriser ou les interdire, c'est exercer un pouvoir sur les chiffres et leur existence.

Et dans certains contextes le pouvoir peut consister à faire changer les chiffres : la période stalinienne en URSS est une très bonne illustration, même si des pays comme la France ne sont pas à l'abri d'interventions politiques sur l'appareil statistique.

Le chiffre est un levier pour exercer son pouvoir. Mais il peut aussi être un instrument pour mettre en cause un pouvoir. Produire des statistiques sur les « féminicides » et les violences conjugales indépendantes des données du ministère de la Justice est une façon de les contester et de faire entendre une cause, en construisant un contre-pouvoir. Ce type de démarche, dite de « statactivisme », peut contribuer à l'émancipation, à une action de revendication ou de construction d'un contre-pouvoir, en somme de faire de la statistique une arme critique.

La relation entre les pouvoirs et les chiffres est une relation dialectique. La crédibilité d'un chiffre est liée à la légitimité de l'instance de sa production. Et contrôler ou développer un dispositif de chiffrage confère du pouvoir.

L'analyse des fondements de tout chiffre permet de rappeler leur origine et leur finalité éminemment sociales.

À rebours des apparences qui tendent à habiller les chiffres d'une naturalité et d'une origine indépendante de toute dimension humaine, culturelle et politique, l'analyse des fondements de tout chiffre permet de rappeler leur origine et leur finalité éminemment sociales : il y a des enjeux de pouvoir, de construction de conventions communes, et de partage de techniques. La quantification est un « fait social », au sens que les sciences sociales donnent à cette notion depuis Durkheim. Produits de la vie de la société (et non de la nature) tout en s'imposant à cette société, au point que celle-ci et ses composantes (individus, groupes, institutions) peuvent difficilement s'y soustraire, les chiffres sont des faits sociaux.

L'emprise des chiffres

En fournissant des « données », en servant d'outils de régulation et de coordination, en constituant des appuis conventionnels, les chiffres participent à la dynamique des sociétés. Ils concourent à notre compréhension des situations et éclairent nos choix. Ils contribuent aux prises de décisions individuelles ou collectives. Ils servent de guide dans des environnements complexes et parfois incertains.

Ils ne peuvent toutefois pas être réduits au rôle d'acteurs passifs ou neutres, dont nous pourrions nous saisir à notre guise, en pleine lucidité et en ayant la possibilité de les ignorer.

D'une part parce qu'ils peuvent façonner de manière notable les comportements individuels et collectifs et participer à l'adoption de nouvelles conduites : un indicateur de production ou de satisfaction ne constitue pas qu'une photographie d'une situation puisqu'il pousse les individus à réagir et à modifier leur comportement ; un indicateur d'intensité d'une pratique sportive (temps de course, distance parcourue, calories dépensées, etc.) peut être un solide stimulant à la poursuite voire au renforcement de cette pratique. Les indicateurs d'évaluation et de benchmarking, comme ceux de la quantification de soi façonnent ou contraignent les conduites. Ils sont d'ailleurs conçus pour cela.

D'autre part parce que les chiffres produisent des « prophéties autoréalisatrices ». Lorsque, par exemple, une agence de notation baisse la note d'un acteur économique, une partie des partenaires de cet acteur peut perdre confiance et se tourner vers des concurrents, ce qui contribue mécaniquement à fragiliser cet acteur et donc confirmer l'appréciation de l'agence de notation. Ainsi les chiffres peuvent-ils énoncer des faits très hypothétiques, qui deviennent réels parce que chacun y croit et agit en conséquence. Un autre mécanisme, proche de celui-ci, peut également s'observer lorsqu'un lycée est mal classé (en raison de son taux de réussite au bac par exemple) : les meilleurs collégiens et collégiennes en position de choisir leur affectation auront tendance à éviter cet établissement, ce qui ne fera que concourir à maintenir le lycée en mauvaise position. Ainsi les chiffres peuvent-ils énoncer des faits temporaires ou ponctuels, qui deviennent durables, voire pérennes, parce que chacun y accorde du crédit et réagit en conséquence. Il ne s'agit pas nécessairement de prophéties autoréalisatrices, mais au moins de diagnostics auto-entretenus.

Enfin, parce que les chiffres réifient les grandeurs quantifiées en les transformant en catégories de pensée (toute faite). Ils installent au cœur des sociétés des grandeurs abstraites auxquelles on porte une attention soutenue. Le « chômage » est un bon exemple de ce processus de classification sociale qui est aussi une construction du social en même temps que son chiffrage. Cela vaut aussi pour la plupart de nos indicateurs chiffrés : richesse, classement des universités ou des restaurants ; opinion publique ; productivité ; compensation écologique ; performance ; satisfaction des consommateurs ; etc. Par un effet de « boucle », les chiffres mesurent des faits qu'ils contribuent à fabriquer. Par exemple, même si les sociétés de sondage s'en défendent, la diffusion de résultats des enquêtes d'opinion ou sur les intentions de vote jouent un rôle dans la production des résultats, ce serait-ce qu'en raison de leur contribution majeure à la définition des contenus des éditos, commentaires et analyses par les journalistes et éditorialistes durant les périodes d'élection.

Les chiffres ont donc la propriété de fournir une représentation de monde qui paraît d'autant plus précise et exacte que ces chiffres contribuent à forger ce monde et sa représentation. Nous vivons dans un monde qui est taillé pour eux (« à leur mesure »). En particulier, les statistiques publiques produisent les sociétés tout en en fournissant une lecture et une image chiffrées. En ce sens, les chiffres sont objectifs puisqu'ils saisissent des phénomènes qu'ils concourent très directement à définir.

Les chiffres façonnent les sociétés en les rendant lisibles, mesurables et calculables. Et plus ils le font, plus ils installent l'idée d'un pilotage des sociétés par les chiffres, et l'idée que la conduite des affaires politiques comme privées, et même celle de l'État, s'assimile au pilotage depuis un cockpit équipé d'une multitude de cadrans chiffrés. Ils construisent une conception quantitative de la société, du temps, des individus, des choses et de la nature. S'insérant dans des domaines de plus en plus nombreux, ils fabriquent chez chacun de nous une vision chiffrée de nos environnements sociaux et naturels. Ce faisant, les chiffres participent à la dévalorisation des autres représentations et rapports au monde, plus qualitatifs, moins uniformisés, offrant moins de possibilités de comparaison systématique.

Plus nous utilisons les chiffres, plus nous y accordons de l'attention, plus nous ajustons nos actions et décisions en fonction de ces chiffres, plus nous les insérons dans bon nombre de situations et de discours, plus les notions sous-jacentes deviennent réelles et concrètes, plus nous utilisons leurs chiffrages…

Ce mécanisme d'auto-renforcement peut conduire à résumer des débats fondamentaux à de « simples questions de chiffre ». Le chiffre devient un enjeu en soi, occultant ce qu'il est supposé exprimer. Par exemple, le débat récurrent sur la diminution du nombre de fonctionnaires se résume presque tout le temps à une approche comptable, laissant de côté les interrogations fondamentales sur le rôle de

Le chiffre devient un enjeu en soi, occultant ce qu’il est supposé exprimer.

l'État, sur le périmètre de son action, sur les services publics jugés indispensables, sur l'extension des prérogatives de l'État liées au développement de la société.

En l'espèce, les meilleurs exemples sont probablement les principes relatifs au seuil de déficit public annuel (qui ne doit pas excéder 3 % du PIB) et au seuil de dette publique (qui doit rester inférieure à 60 % du PIB) : il s'agit de chiffres très largement arbitraires, mais qui structurent fortement les comportements de très nombreux d'acteurs politiques et économiques.

La discussion de la signification des chiffres et des notions associées est d'autant plus difficile qu'ils sont utilisés par un nombre élevé d'institutions et d'acteurs, et qu'ils sont insérés dans le tissu des connaissances scientifiques et des pratiques des communautés savantes – qui leur confère une dose de légitimité supplémentaire – et qu'ils sont utilisés par des pouvoirs (politiques, économiques) se trouvant eux-mêmes en position d'en imposer l'usage. Ils sont ainsi d'autant moins questionnés que l'histoire des pratiques de quantification est traversée par des tendances à l'uniformisation voire à l'internationalisation, ce qui tend à conférer aux indicateurs chiffrés une évidence voire une naturalité. Puisque tout le monde les utilise, c'est qu'ils ont un sens !

Les chiffres finissent par faire loi, sans que nous nous souvenions bien pourquoi et comment ils sont là. Faisant partie du « décor », ils semblent si naturels et si évidents qu'on ne les questionne plus. Ils constituent les lunettes à travers lesquelles on regarde et on conçoit le monde.

Une bonne compréhension de ces mécanismes doit nous conduire à mettre en cause notre représentation spontanée et notre épistémologie ordinaire de l'action de « mesure ». Le terme « mesure » véhicule une image trompeuse, puisqu'il sous-entend qu'il existerait une grandeur définie et repérable de manière non ambiguë, et dont il suffirait d'observer/enregistrer les propriétés intrinsèques, grâce à un dispositif neutre. En la matière, la neutralité n'existe pas. L'acte de mise en chiffre participe au façonnage des sociétés.

Nous devons dès lors nous débarrasser de l'idée que les chiffres ne sont que des photographies de la réalité, à partir desquelles nous pourrions apprendre et donc décider en connaissance de cause. Le slogan de l'Insee, « Mesurer pour comprendre », est en partie trompeur, puisque la mesure est déjà un acte performatif qui participe à l'acte de définition et d'appréhension des faits.

Une critique similaire peut être adressée aux énoncés présentant la démarche de connaissance ou de prise de décision comme constituée de trois étapes : « mesurer, discuter, agir » ou « mesurer, débattre, décider » – qu'on peut aussi bien trouver dans des campagnes de publicité de cabinet de conseil, dans des ouvrages de sciences sociales ou de sciences de gestion. Le chiffrage apparaît comme le préalable à toute analyse, qui elle-même est le préalable à toute décision. En fait, ces trois étapes n'en sont pas trois temps successifs, mais bien trois facettes de la même démarche de connaissance et d'action.

Il est ainsi essentiel de s'assurer que les modalités de quantification soient discutées et soient des éléments à part entière du débat social. Il ne faut surtout pas réduire la question du chiffrage à des aspects techniques, qui trouveraient des réponses dans la seule bouche des statisticiens, ingénieurs, techniciens spécialisés ou cabinets de conseil. C'est une question qui est aussi savante et politique.

(Dé)chiffrer pour retrouver la politique

Davantage qu'une vérité sur le monde ou qu'une description neutre et objective de la réalité, les chiffres révèlent nos besoins de nous coordonner, de trouver des manières de faire des choix et de les légitimer, de réguler notre vie collective complexe et de disposer de conventions pour nous entendre. Ils révèlent aussi nos besoins de construction des catégories d'appréhension du monde qui nous entoure, et disposer d'outils de synthèse et d'intelligibilité de nos environnements complexes. Ils nous parlent d'une multitude de choses qu'ils contribuent en permanence à créer.

Nous avons construit des représentations, des instruments et des modalités d'organisation de nos sociétés qui les ont rendues chiffrables car chiffrées. Dès lors, il n'est pas étonnant que les chiffres soient perçus comme de bons descripteurs des sociétés. Notre monde est quantitatif, non pas en raison de sa nature naturellement quantitative, mais parce que nous l'avons rendu quantitatif.

Fruits de l'activité humaine, les chiffres expriment et matérialisent nos choix, nos valeurs, nos conventions : ce sont des objets sociaux et humains. D'ailleurs, si les chiffres imposaient réellement et naturellement leur loi, sans intervention des pouvoirs qui les produisent et les font parler, nous n'assisterions pas à certains dénis. Les chiffres si alarmants des climatologues sur l'évolution très probable du climat sur Terre dans les prochaines décennies seraient davantage pris au sérieux par les pouvoirs publics et les gouvernements. Les chiffres attestant que le principe juridique « d'un salaire égal pour un travail de valeur égale » est souvent bafoué ne seraient pas ignorés par les pouvoirs se targuant de favoriser l'égalité salariale entre les femmes et les hommes au point d'en faire une des dimensions de la grande cause des deux quinquennats d'Emmanuel Macron.

Alors que les chiffres continuent à envahir nos sociétés, il est temps de (re)trouver une capacité à les discuter, à en déchiffrer les significations, à pister les catégories et schèmes de pensée qu'ils construisent tout en proposant leur chiffrage. Il est temps de se ressaisir de ces objets sociaux, pour retrouver une capacité à en débattre, un droit à les critiquer et une liberté de les redéfinir. Il est temps de revendiquer plus fermement l'ambition de construire des indicateurs alternatifs et de se saisir des chiffres pour ce qu'ils sont, des outils politiques. Il faut lutter contre les décisions qu'ils nous imposent sans en avoir l'air en avançant de manière masquée.

Les chiffres peuvent en effet constituer des outils d'émancipation et de contestation et contribuer de manière directe et efficace à rendre visible un problème ou une situation critique : chiffres sur les discriminations à l'entrée de boîtes de nuit, sur le traitement inégalitaire des candidatures à un emploi selon le nom ou le sexe du candidat, ou encore sur les fréquences anormales de pathologies (cancéreuses par exemple) à proximité d'une installation industrielle. Les chiffres peuvent dès lors jouer le rôle d'armes de dévoilement et de critique et concourir à une meilleure prise de conscience d'une situation préoccupante, d'une inégalité ou d'un problème environnemental ou social occulté.

Les promoteurs de ces chiffres peuvent être des associations, des ONG, des fondations, des mouvements politiques ou des groupes plus ou moins formels (comme des parents partageant une inquiétude sur la santé de leurs enfants vivant à proximité d'une industrie chimique). Ces chiffres sont parfois qualifiés de « populaires » (statistiques populaires, épidémiologie populaire...) pour signifier qu'ils ne proviennent pas des instances nationales ou des pouvoirs en place, mais bien de démarches alternatives, au plus près des événements réels et des individus concernés. Ils accompagnent des discours contestant les déclarations officielles et les paroles des institutions les plus légitimes.

Ces chiffres peuvent aussi résulter de traitements complémentaires ou différents de données déjà existantes (par exemple les chiffres du mal-logement en France établis par la Fondation Abbé Pierre) ou de recueils de données spécifiques à travers des réseaux de vigilance (par exemple les chiffres annuels des féminicides établis le Collectif Féminicides par compagnons ou ex). Les chiffres alternatifs peuvent donc combler des manques dans la production officielle des données. Ils peuvent également proposer des regards nouveaux sur des phénomènes supposés connus : c'est le cas d'indicateurs proposant de mesurer de manière différente la pauvreté (indicateur BIP40), le chômage (ACDC. Autres Chiffres Du Chômage) ou encore les principales notions économiques. Sur ce dernier point, bien que le PIB reste l'instrument privilégié par de nombreux organismes, sa capacité à bien mesurer la richesse et le développement d'un pays est largement contestée : il existe de nouveaux indicateurs alternatifs et des collectifs cherchant à promouvoir leur usage (par exemple le Forum pour d'autres indicateurs de richesse).

Que compte-t-on ? Selon quelles conventions ? Avec quelles catégories ? Pour faire quoi ? Pour quel pouvoir ? Que ne compte-t-on pas ? Qui définit ce qui compte et ce qui ne compte pas ? Autant d'interrogations dont il faut se ressaisir puisqu'elles constituent des questions fondamentales de la vie des sociétés, notamment dans des régimes démocratiques.

Les chiffres se discutent non pas parce qu'il faudrait discuter des décimales, mais parce qu'il faut discuter de la définition de leurs fondements et du rôle qu'on leur attribue. La question n'est pas tant de savoir si les chiffres sont exacts ou précis : les questions sont de savoir ce qu'ils

Les chiffres doivent redevenir les objets politiques qu'ils sont en réalité.

désignent, de s'interroger sur leur capacité à incarner tout ce qu'on attend d'eux, et de bien contrôler la puissance qu'on leur confère.

L'idée de se débarrasser des chiffres n'est pas réaliste : imagine-t-on une société complexe qui ne serait pas dotée de repères horaires, de conventions d'appréciation des poids et des quantités des marchandises, de chiffrages de la mortalité d'une maladie, d'outils de comparaison, de catégories statistiques, d'indicateurs économiques ou comptables, de classements ?

En revanche, il faut resoumettre les chiffres au débat démocratique et les replacer au cœur des enceintes délibératives de nos démocraties. Il faut retrouver une capacité à les déchiffrer, en ne se laissant pas intimider par l'autorité que leur confère leur apparente naturalité ou les pouvoirs qui les promeuvent. Il faut les reproblématiser en mettant à jour les enjeux sociaux, économiques et éthiques qu'ils recouvrent, mais que leur usage technique et routinisé masque pour l'essentiel.

Les chiffres doivent redevenir les objets politiques qu'ils sont en réalité.

Repères bibliographiques

Le format de cet ouvrage ne permet pas de mentionner tous les travaux de sciences sociales sur lesquels mes propos s'appuient. Cette annexe bibliographique souhaite offrir un premier éventail de repères à celles et ceux souhaitant approfondir leur compréhension des « chiffres ». Cette sélection est fondée sur trois critères : rendre justice à des publications majeures et parfois fondatrices ; montrer la diversité des contextes d'usages et des enjeux de la quantification ; se limiter à un nombre raisonnable d'ouvrages en langue française. Une bibliographie plus complète est disponible dans mon ouvrage *L'Empire des chiffres. Une sociologie de la quantification* (Armand Colin, 2020).

Alder Ken, *Mesurer le monde. L'incroyable histoire de l'invention du mètre*, Paris, Flammarion, 2015 [2002].
L'histoire passionnante de la définition conventionnelle du mètre montre qu'une quête scientifique liée à des enjeux politiques majeurs peut aussi être une aventure humaine.

Bardet Fabrice, *La Contre-révolution comptable. Ces chiffres qui (nous) gouvernent*, Paris, Les Belles Lettres, 2014.
Une analyse des approches comptables visant à saisir les faits individuels et conjoncturels, en opposition aux démarches statistiques qui visent les faits collectifs et tendanciels.

Blanchard Soline, Pochic Sophie, *Quantifier l'égalité au travail. Outils politiques et enjeux scientifiques*, Rennes, PUR, 2021.

L'ouvrage analyse la production ainsi que les enjeux politiques et scientifiques des chiffres concernant les inégalités femmes-hommes dans la sphère du travail, qui constitue une des modalités des luttes féministes.

Bruno Isabelle, Didier Emmanuel, *Benchmarking. L'État sous pression statistique*, Paris, Zones, 2013.

Une analyse des mutations du travail et des services de la fonction publique (police, hôpital, université) à la suite de l'introduction de techniques managériales de quantification.

Bruno Isabelle, Didier Emmanuel, Prévieux Julien (dir.), *Statactivisme. Comment lutter avec des nombres*, Paris, Zones, 2014.

Exemples à l'appui, l'ouvrage montre que les statistiques peuvent être des outils d'émancipation sociale ou de critique politique.

Coquery Natacha, Menant François, Weber Florence (dir.), *Écrire, compter, mesurer. Vers une histoire des rationalités pratiques*, Paris, Éditions Rue d'Ulm, 2006.

Une analyse des raisonnements économiques, et notamment des pratiques d'écriture et de calcul qui les sous-tendent (arithmétique commerciale au Moyen Âge, comptabilité en partie double, écritures comptables, modélisations…).

Dagiral Éric, Licoppe Christian, Pharabod Anne-Sylvie (dir.), Dossier « Quantified Self », *Réseaux*, 216 (4), 2019.

Une série d'articles sur les pratiques de quantification de soi (chiffrage des activités sportives, de la marche, des cycles menstruels, du sommeil, du poids…).

Dauguet Benoît, *Mesures contre nature. Mythes et rouages de la compensation écologique*, Caen, Grevis, 2021.

Une analyse des dispositifs de compensation écologique, qui reposent sur la quantification des richesses écologiques des zones à aménager afin de proposer leur compensation par la protection d'autres zones, jugées équivalentes.

Desrosières Alain, *La Politique des grands nombres. Histoire de la raison statistique*, Paris, La Découverte, 1993.

Cet ouvrage ainsi que l'ensemble des travaux d'Alain Desrosières sont des références incontournables en sociologie de la quantification. Ses analyses, essentiellement focalisées sur les statistiques publiques et sur les indicateurs socio-économiques, ont inspiré de nombreuses recherches à partir des années 1990.

Dohrn-van Rossum Gerhard, *L'Histoire de l'heure. L'horlogerie et l'organisation moderne du temps*, Paris, Éditions de la MSH, 1997 [1992].

Une riche exploration de la longue histoire des pratiques de comptage du temps, de sa mesure par les horloges et les montres, de leurs usages, et de la construction de la conscience du temps dans les sociétés européennes.

Eyraud Corine, *Le Capitalisme au cœur de l'État. Comptabilité privée et action publique*, Bellecombe-en-Bauges, Éditions du Croquant, 2013.

Une étude des réformes du système de comptabilité de l'État français (LOLF et RGPP) qui montre que les manières de compter sont aussi des manières de concevoir l'État et le secteur public.

Jany-Catrice Florence, *La Performance totale : nouvel esprit du capitalisme ?*, Villeneuve d'Ascq, Presses universitaires du Septentrion, 2012.

Une analyse de la mesure de la performance (des services, du travail, de l'action publique) par les indicateurs chiffrés, et de leurs rôles dans la coordination des actions et décisions.

Jatteau Arthur, *Faire preuve par le chiffre ? Le cas des expérimentations aléatoires en économie*, Paris, IGPDE, 2020.

Une enquête sur les expérimentations aléatoires en économie (héritières de la médecine), leur supposée capacité à prouver l'efficacité d'une action de développement par le chiffrage de leur effet, et leur ambition à redéfinir la norme de la preuve en économie et en politique.

Kula Witold, *Les Mesures et les Hommes*, Paris, Éditions de la Maison des sciences de l'homme, 1984 [1970].

Un ouvrage fondamental de la métrologie historique. Bien qu'ancien, il reste incontournable en raison de la richesse de ses analyses de la longue histoire sociale, culturelle et politique des pratiques métrologiques.

Martin Olivier, *L'Empire des chiffres. Une sociologie de la quantification*, Paris, Armand Colin, 2020.

À travers plusieurs explorations historiques et sociologiques de pratiques de chiffrages, puis une analyse transversale de ces pratiques, l'ouvrage étend, précise et justifie les propos déployés ici.

Méda Dominique, *Qu'est-ce que la richesse ?*, Paris, Aubier, 1999.

Une illustration de l'importance des enjeux de la dimension conventuelle de toute mesure : celle de la richesse, à travers une critique du PIB et une analyse de ce qu'il ne mesure pas.

Mespoulet Martine, *Construire le socialisme par les chiffres. Enquêtes et recensements en URSS de 1917 à 1991*, Paris, Institut national d'études démographiques, 2008.

Une analyse des relations entre le système de pouvoir et le système statistique en URSS, dans un contexte où les chiffres sont liés à la légitimité du nouvel État et à l'idéologie scientiste tout en étant sous la mainmise du politique.

Moulinier Laurence, Sallmann Line, Verna Catherine, Weill-Parot Nicolas (dir.), *La Juste Mesure. Quantifier, évaluer, mesurer, entre Orient et Occident (VIIIe-XVIIIe siècle)*, Saint-Denis, Presses universitaires de Vincennes, 2005.

Une série d'études de cas de pratiques de mesure, issues d'époques et d'aires très différentes (Europe latine, Monde byzantin, Monde musulman, Égypte, Nouveau Monde…) et de finalités variables (recensement, arpentage, astronomie, médecine, comptabilité, temps…), qui éclairent notamment les significations politiques de la mesure.

Porter Theodore M., *La Confiance dans les chiffres. La recherche de l'objectivité dans la science et dans la vie publique*, Paris, Les Belles Lettres, 2017 [1995].
Cet ouvrage est devenu un classique. Ted Porter y étudie la manière dont la quantification permet de construire de l'objectivité (au sens de désubjectivation, dépersonnification) et donc de contribuer à instaurer de la confiance dans les décisions.

Ruiz Émilien, *Trop de fonctionnaires ? Histoire d'une obsession française (XIXe-XXIe siècle)*, Paris, Fayard, 2021.
Une bonne illustration que les discussions sur des chiffres, notamment comptables (ici le « trop grand nombre de fonctionnaire » et les promesses de réduction de ce nombre), peuvent occulter les discussions de fond : quels sont les domaines où l'intervention publique est jugée souhaitable ou prioritaire ?

Supiot Alain, *La Gouvernance par les nombres. Cours au Collège de France, 2012-2014*, Nantes, Fayard & Institut d'Études Avancées de Nantes, 2015.
Une analyse des métamorphoses du droit, notamment dans le cadre des économies libérales. Alain Supiot souligne les rôles de la quantification dans l'effacement du droit : les choix politiques incarnés dans les chiffres ne sont pas discutés et mis en délibération. Les chiffres produisent des automatismes politico-juridiques, qui dépossèdent le peuple de son pouvoir.

Topalov Christian, *Naissance du chômeur. 1880-1910*, Paris, Albin Michel, 1994.
Une histoire de l'invention du chômage (et non de sa « découverte ») à partir de la fin du XIXe siècle, détaillant les processus de mise en forme (des catégories, du

vocabulaire, des techniques de comptage), les modifications des représentations du travail, et les luttes politiques qui y sont associées.

Signalons enfin la revue *Statistique et Société* (créée en 2013) et l'association *Pénombre* (fondée en 1993) qui ont pour objectif de diffuser des réflexions sur les statistiques, leurs usages et leurs rôles.

Table des matières

Dans la même collection

Décolonial
Stéphane Dufoix

Démocratie
Samuel Hayat

École
Laurence De Cock

Émancipation
Federico Tarragoni

Environnement
Laurent Fonbaustier

Histoire
Guillaume Mazeau

Journalisme
Olivier Villepreux

Langue
Cécile Canut

Mérite
Annabelle Allouch

Nature
Baptiste Lanaspeze

Peuple
Déborah Cohen

Public
Antoine Vauchez

Race
Sarah Mazouz

Révolution
Ludivine Bantigny

Science
Arnaud Saint-Martin

Universalisme
Julien Suaudeau et
Mame-Fatou Niang

Utopie
Thomas Bouchet

Direction éditoriale
Chloé Pathé

Conception graphique
Monika Jakopetrevska

Réalisation graphique
Noémie Reillier

Composition
Patrick Leleux PAO

Achevé d'imprimer en novembre 2022 sur les presses
de l'imprimerie Corlet, à Condé-en-Normandie,
pour le compte des éditions Anamosa, 12, rue de Cotte,
75012 Paris.
www.anamosa.fr

Dépôt légal : janvier 2023
ISBN : 978-2-38191-054-3
ISSN : 2678-3274